의문의 달

이남근 시집

시와사람

이남근 시집
의문의 달

2021년 4월 10일 인쇄
2021년 4월 15일 발행

지은이 | 이 남 근
펴낸이 | 강 경 호
인쇄 · 기획 | 도서출판 시와사람
등록 | 1994년 6월 10일 제 05-01-0155호
주소 | 광주시 동구 양림로119번길 21-1(학동)
전화 | (062)224-5319
팩스 | (062)225-5319
E-mail | jcapoet@hanmail.net

ISBN978-89-5665-598-7 03810

값 10,000원

· 잘못된 책은 바꾸어 드립니다.

공급처 ■ 한국출판협동조합
경기도 파주시 적성면 가월리 1859-9 한국출판협동조합 적성물류센터
주문전화 (02)716-5616, 070-7119-1740

의문의 달

엘리베이터 버튼을 누르고
컴퓨터 버튼을 두드리고
일상의 버튼을 누르는 일에
세월은 우두망찰해도

어떤 아이가 내 마음속에
카멜레온 버튼을
살짝살짝 누르고 있었다.

2021년 봄
이남근 삼가

차 례

2 일요일 아침

3 민들레 추억

4 미완성

1

소나무의 뒷모습

소나무의 뒷모습

숲속 소나무들이
숨비소리 자맥질로
고통을 토하면서
희망을 부른다

뱀 같은 넝쿨을 헤치고
두 가랑이 벌리고 딴 곳을 보는
나무들 속에서 햇살을 훔치려고
절박한 얼굴을 쳐올리는 소나무들

몸둥아리 여위어가도
촛대 같은 지조를 지켜내며
도시로 떠나가는 운명
아버지 뒷모습 같다.

나의 나팔꽃

어릴 적 앞마당 돌담의
나팔꽃을 아침부터 기다렸다

아이가 장남감 나팔 불면
무슨 이유로 모두 나와 구불구불
휘감아 도는 나팔꽃 돌담길을 돌아
활짝 피우려고 시샘하며 쏘다녔던가!

분주한 태양을 따라나선 세월 속에서
내면에 숨어버리고만 부러움은 노을이
번지는 하늘가에 잔물결 같은 바람이 일어

깜짝, 허전한 마음에 색소폰을 불어
언젠가 구성지게 한 곡조 뽑아낼
트롯 생각은 아직도 굴뚝이다

집으로 오는 길가 담장너머
나팔꽃이 곱고 소담하다.

노거수

나의 뇌라는 안테나로
너의 생각을 수신한다지만
낡은 안테나는
그 생각 너름새를 알까 싶다
네가 있다는 생각만으로
난해한 너의 의도를
가벼운 숨소리로 듣고 있지
보금자리 없는 바람마저 품어준
너는 흐르는 은하수에
조각달 하나 걸어두고
천지를 관통하는 묵언 수행으로
조잘대는 잡새들을 품는다.

수선화

바람에 흔들리는 노란 수선화
내 마음에 비쳐 볼 때마다
깊이 들어와서 분신이 되기를

생기발랄하고 건강한 영혼은
나의 심연 속에 꼭두각시로
나를 세우겠지만…

너의 가녀림은 바람을 이해하고
보이는 것들을 받아들이는
지고한 사랑으로 위로해도

꼭두각시 인형으로 전락하여
고독한 섬에서 갇힌
로빈슨 쿠루소가 되어

푸른 창공 햇살의 기별로
바람 무늬를 그리며 웃는다.

노랑꽃창포

노랑꽃창포가 피어
천만다행이다

빗물이 메마른 상처를 적셔
허공에 밀려 나간
희망을 불러놓고

낭만에 취한 달마저 울어버린
남루한 물웅덩이에서
부끄러운 얼굴과
싱그러운 초록빛으로
노란 병아리 떼를 부화하고

순결한 영혼의 결기는
병아리처럼 물 한 모금 마시고
하늘을 쳐다본다.

달맞이꽃

고향을 떠나온 요정들이
밤마다 오매불망 달에게
올리는 간절한 기도에
바람은 숨을 멈추었는데
연구실 창문만 달빛에 밝다

사랑으로 병이 든 자들에게
기꺼이 수혈을 자청하고
이슬에 베인 달빛을 해독하여
저미는 소식 전하는
노란 달맞이꽃
무엇이 그리도 간절하신지?

산수국

시골 아낙네처럼 수수한 산수국
어머니의 사랑을 포유하고
산골짝 습기 어린 모퉁이에서
도시를 동경하는 나무들에게
성경의 시편을 읊어 주는
정숙한 수녀님.

추석달

부족한 것들을 가득 채우면서
가엾은 생명을 기억하고
못 다한 사연에 가슴 아파도
아낌없이 사랑하고
넉넉하게 배려하라고

바람은 서늘하게 허전해지고
둥근달은 온화한 미소로
누님처럼 내려다보았다.

정자나무

온종일 바람이 쏘아대는
화살을 맞으면서 웃어야 했다

서로 지키고 있는
존재들의 밀어 속에서
이방인들을 위해
나신의 춤을 추어야 했다

함지박 같은 빈 공간
헤아릴 수 없는 사랑
수많은 기다림의 몸짓

여유로운 뭉게구름
조잘대는 빗소리에도
긴 침묵의 외로움

고독으로 뻗어 있는
운명의 가지 손잡아 줄
한 시인을
기다리고 있다.

자목련

농염한 딸기는
교성을 지르고
황홀한 환희는
바람이 되어

이브가 그랬듯이
붉은 입술로
잉태하는 수많은
역사는 흐르고

토담집 뜰아래
봄볕 속앓이하는
일편단심.

봄날

바람이 흔들어
오르가즘에 떠는 꽃잎들

우유부단한 조바심은
기어이
졸음으로
오고 만다.

능소화

무표정한 담장 위
고혹스런 자태 능소화
구중궁궐 애환과 슬픔을 토해내려는가
임 오시는 먼 길에 그리움으로 마중가는가
무거운 황금 가채를 홀연히 떨구어버린
범상치 않는 너의 기품에 어느 누가
애끓은 사연을 간직한 여인이라 할까
정열의 열기로 귀밑머리 희롱해도
흰 구름 불러 바람에 실어 보내고
당당하게 임의 향기 지키는 순결한
사랑의 화신이여!

한 송이 백합화

햇살처럼 쏟아지는
고문이나
탄광을 드나드는
고통은
망각한 채
바람이 실어오는
구름을 헤치며
파란 하늘 그리는
그윽한 자태
성모 마리아여.

도토리

절대로 높은 자리
안 가는 녀석이야
할 수 있다면
밑으로 밑으로
모두 다 그렇게 구르고
함부로 쫄랑대는
다람쥐마저
쉽게 잊어버려 그런지
혼자서 불평 없이
시간을 줄 잡아
보잘 것 없는 축생들에게
웃기는 이름으로
소망을 주는
속 깊은 열매
언감생심 갖다 대지 마라
부모는 참나무란다.

풋과일

단추처럼 오감을 누르고
뒷모습이 궁금해서
내미는 앞모습으로
연이어 돌아봐도 앞모습 뿐

교감하며 고민한
나날의 뒷모습은
방 문짝처럼
쉬이 닫아 버리고
앞모습으로 사는 세월만
자유롭게 드나들다

기다리지 못하고 떨어진
풋과일처럼
기꺼이 길 떠나는 뒷모습에서
사랑의 슬픔을 보내고서야
나는 가을 속으로 걸어가는
나의 뒷모습을 볼 수 있었다.

파도야

부딪쳐라
부딪쳐라
부딪치는 고통이
용기가 되고

부서져라
부서져라
부서지는 슬픔이
환희로 떠오르고

깨져라
깨져라
깨지는 조각들이
희망이 되어

죽어도
솟아오르는 정열에
금모래 밭 해당화는
안녕하시다.

노을 무렵

저녁노을은 바다에
그물을 치고
외로운 섬들과
일탈한 배 몇 척
잡아 건진다

그물에 걸린 섬들은
체념한 듯
꼼짝도 하지 않고
절박한 심정으로
배들은 이리 저리
헤쳐나가려고 하는데

무심한 파도만
자장가를 부르며
그물을 빠져나간다.

가을 길목

숲에서 매미들이 울었다
작열하는 태양아래 꽃들이
무색하게 새벽부터 밤늦도록
비통하게 울부짖었다

성대결절로 피를 토해냈는지
붉은 선혈은 산허리에 흘러 번져가고
억새마저 경건하게 고개 숙이는
슬픔에 쇠약해진 나무들은
충혈 된 나뭇잎들을 다둑여
바람에 실어 보내며
대지의 모성에 감사하고
회오리 같은 외침이 사라진
텅 빈 하늘에 훗날이 걱정되는

깃발 같은 매미의 사연으로
합장하는 두물머리 길을 따라
나의 가을은 깊어 가고 있다.

왜가리

가을볕은 가엾은 생명에
온기를 채우며
힘겹게 흔들리고
억새들이 일제히 흰 손을 들어
뭉게구름 타고 떠나가는
시간들을 배웅하는 강가에서
막내딸마저 시집보낸 어머니는
백마 같은 돌 턱에 앉아서
흑백사진에 비친 하늘을
물끄러미 내려다보다가
허리를 펴고 일어나려는데
바람은 귀밑머리 세월을
세고 있었다.

홍도

기어이 가서
보고 말았다
칠흑 속에 파도는
한바탕 울어대더니
서운할세라
자신의 속내를 보여준
인고의 미소
코르테스 같은 눈매에
헤라클레스 근육으로
야심 찬 모습은
대양을 향하여 가는,
위대한 줄 모르고
사랑한 여인
붙잡고 붙잡아 헐키고 쌓인
사랑의 상처들
조각조각 만들어 놓은
신의 기억들
예술품에 익숙한 우리는
벙어리가 되었고
바람은 아는 듯
그냥 스쳐 가라 하네.

눈 내린 뜨락

사랑이 혹독한 만큼 숭고하듯이
흰 눈이 잔디 위에 수북이 쌓인다
자신을 버리고 지켜야 할 진실은
혹한의 고문에도 초연한 모습으로

연민은 흰 눈이 되어 속죄하고
냉철한 온기가 대지에 스며든
성스러운 백지 한 장

이름 모르는 생명들이 붓끝에서
움이 튼다.

산정호수

나무들도
새들도
우람한 산봉우리도
심지어
하늘까지도
삼켜 버린 호수를
나는 툭툭 건들어 본다
하늘을 날다 나뭇가지에
숨어든 새들에게
내 던졌던 용감한 돌멩이로
힘껏 너의 얼굴을 갈겨도 보지만
그저 빙그레 웃을 뿐!
얄미운 마음에
더욱 세차게 후려칠수록
너는 바람을 위로하였고
바람은 내게 그림자를 드리웠다.

고향의 여름

햇살 고운
초록 바다 물결
출렁인다

바람은 곡예를 부리고
불타는 칸나 입술을
훔치는 일벌들은
폭염에 즐겁다

해바라기 얼굴에
땀방울이 송글 송글
고개 너머
초등학교 교실 칠판에
삐뚤삐뚤 써진 이름들이
내 유년을 떠 올린다

고추 익어가는 소리
들판 벼들의 속삭임
새참에 분주한 그릇소리
온몸으로 외쳐대는
매미 울음

〉

파아란 하늘이
성큼 내려앉는다.

간절한 봄

홍매화 꽃멍울이 아파 우니
흰 눈이 살포시 감싼다

이성이 차갑게 사랑을 꾸짖어
겨우 내내 참아온 아픔을
눈물로 달래려 해도
찬바람은 잔설을 조화로 피우고

알프스 산맥을 넘는 한니발처럼
사명을 완수해야 하는
슬픈 용맹만 피멍이 되어
하늘을 오르고 있다.

2

일요일 아침

일요일 아침

손자가 유치원 가는 날인가 했더니
다행히 일요일이다
그냥 편안하게 누워 있다
아내가 틀어논 아베마리아가
잔잔하게 저미어와 몸은 엉망이지만
마음은 정화된 듯하다
햇살은 얇은 커튼 창에
마티스 풍경화을 그려놓고
아름다운 봄날을 기다린다
살며시 눈을 감고 지난 밤 꿈을
되새김하며 취한 듯 누워 있다
시계는 째각 째각 바삐 가도
느긋한 일요일 아침
이대로 저녁이고 싶다.

불평 속에는

노부부의 불평 속에는
가지 않는 길이 있어

‘임자만 아니었다면…’
‘임자였다면…’

불평에는 예쁜 꽃잎과
날카로운 가시가
한 몸이 된 장미로
방긋.

노부부

바위는 물을
부둥켜안고

물은 바위를
휘감아 애무하는

풍경이 아름다운
저녁 무렵.

돌부리

아이가 길을 가다가
돌부리에 넘어졌다
무릎에 상처 난 아이는
이를 악물고 눈물을 삼키며
돌부리에 화를 낸다

셀 수 없이 부딪치며 가야할 길
여전히 돌부리들은
행로마다 버티고 있을 텐데

돌부리에 상처 입은
나는 무엇을 생각하는가!

황혼

꽃은 줄기로 솟아올라
물방울 같은 곡선으로 피어나고

무엇이 급해 철길처럼 달려오는 길
뒤돌아보니 구불구불한 산길

산길 따라 흐르는 강물에 비친
황혼, 꽃으로 피어 아름답다.

자각

늘 자기의 관심사만 토로하고
해결책도 없는 그는 오늘도 여전하다
시장 아줌마들이 즐겁다거나
행복하다고 말하면 나는 소크라테스적
시선으로 쉽게 가질 리가 없다는 듯
이야기하고 그는 천진스럽게 웃으며
반응에 관계 없이 말을 한다
언제나 '그렇지' 말하지만
아무에게도 도움은 되지 못하고
답답하게 하는 서로의 모습은
촛불로 타고 있다.

자기실현

배고픔을 당연하게 살아왔던
엄마는 외아들에게 불만이 많다

복수하고자 하는 엄마의 의도는
외아들에게는 부담스럽게 풍요롭다
어린 날 엄마는 가난으로 꺾인 자존감을
아들이 대신 세워줄 대들보이기를

영특하지도 인내력도 없는 아들은
엄마의 멍에를 벗어던지고
뒷골목에서 친구들과 함께
자유와 행복을 찾아가는 새가 된다.

잠 못 드는 밤

바닷가 신작로는 공포를
잊고자 하는 고요의 눈을 질끈 감고
잔물결 달램으로 터널을 통과한다

무늬 없는 바람만큼
얼룩은 늠름하고 익숙하여
절벽을 뛰어넘는 아찔함
맷돌에 부서지는 보릿가루처럼
외침으로 지나온 무늬로
의식 속의 화석은 어둠을 잉태하고
그 너름새를 모르는 나는
나비의 춤에 행복했을 뿐

낯선 얼룩을 외쳐대는 너는
나에게 무엇을 전하려는지...
파도를 깨우는 수탉 울음소리
크고 웅장하다.

두 길

둥근 달 하나 가슴에 품고
햇빛 내리는 개울물 소리 들으며
산들바람 따라 환하게 길을 걷다가도
깃발 이마에 두르고 부딪치며
핏빛 서린 두 눈 추겨 세워서
가열 차게 외쳐대는 투쟁의 길을
걸어야 하는 안타까운 우리는
두 길의 소실점으로 다정하게
어디쯤에서 걸을 수 있을까!

자존심

달달한 미소로
갓 구운 쿠키와 드립 커피
마시고 싶으면
갈대는 바람을 흔든다

물끄럽한 왜가리 지키려다
할키고 패인 상처로
어둠이 고통스러워지면
바람이 갈대를 흔든다

가녀린 생명인 너는
흔들고 흔들리는
몸살을 해도
침묵이라는 흔들림으로
꿋꿋이 자리를 지킨다.

표지판

나름대로
진실이 있다 해도
풀린 밧줄의 길이만큼
일상은 흔들리고
나만의 모습으로 오독하며
길을 걷고 또 걷는다

푸른 바다를 질주하는
통통배가 된다 한들
닻을 올린 진실은
해방구를 헤엄치는 낭만일 뿐

삶은 진실을 찾아가는
끝없는 순례길이어서
어느새 해는 저물고
저문 해가 솟아올라
반복되는 하루를

차라리 오독으로
치부해 버리고 싶어도
외로움을 견디며 서 있는 표지판

걸어둔 결기에 눌려서
몸은 죽고
길은 계속된다.

억새 길

시간은 숱한 불평과 시린 가슴에
바람으로 먼지를 날리고
낙엽이 밟히는 길에서
새들이 몸살 하는 소리를 듣는다
시간이 공기가 아니듯
흔들리지 않는 것은
가치를 잃고 이름마저 모른 채
폭풍우로 땅에 엎드린 잡초이거나
떠가는 구름을 껴안아 보려는 우듬지
기막힌 사연마저
바람을 키워가고
이름을 달고 사는 삶은
밧줄의 길이만큼 움직이며
자기만족을 채우는 양파처럼
겹겹이 궤도를 만들고
절명한 모습으로 번민하는,
밤이슬처럼 아침을 맞아
바람길을 걸어가며
숨을 헐떡인다
빛나는 별들은
이름 모르는 행성들에 싸여

자전과 공전을 하고
스쳐 가는 세월의 소음에
허우적거리며 지쳐 있는 나그네
하얀 억새들의 소근대는 모습에
깜짝 놀라 양손에 귓바퀴를 달고
먼 하늘을 기울려본다.

거미줄

바람도 햇빛도 모르는
그물로 허공을 가두고
교만을 잡고 있는 거미줄

음모와 기다림으로
어둠을 무서워하지 않고
달력을 걸어둔 채
햇빛에만 취해 노는
하루살이를 가두고
무모한 용기에 날뛰는
벌레들은 밤이슬로 들어난
감옥에 수용되지만

희망은 바람을 안내하고
햇살이 비춰준 창살 사이로
철없이 달려가고 있다.

주민등본

500원으로 증명하는 서류가 서글퍼도
당당하게 돋아나는 삶이 기특해서
애정 어린 발길은 해시계의 눈금만큼
그림자를 드리우고 칸칸이 빼곡하게
긴 이야기를 풀어내더니
제풀에 지친 듯 해시계는 눈금을 잃고서
똑닥 또오딱 또또닥
소리마저 가지런하지 않았다.

자화상

강물은
짐승만도 못한 놈이라고
소리치고

인물은
짐승 같은 사람이라고
속닥거린다.

그냥 허허 웃었다

오랜만에 제자를 만났다
결혼하고 남매를 낳아서
남부럽지 않게 살아도
늘 부족함으로 싸우고
성격 탓이라며 이혼한다는 투정
내심 냉수 같은 결론을 기대하며
열심히 자기 말을 이어갔고
명강의에 정신이 팔린 나는
그냥 허허 웃었다.

모슬포 횟집에서

오동통한 살집이 선명한 방어회는
노신사들의 과거만큼 싱싱했고
소주잔은 창 너머 바다 노을로
여울져 손등에 찰랑댔다
빨간 초고추장에 큼직한 살점을
한입에 넣고 아작거리는 모습은
서로에게 위로를 주듯이 즐거웠고
속주머니 약봉지의 애끓은 염려는
마누라의 소원에 불과했다
정담은 정담을 넘어 세계 우주를 돌아
고향이 그리운지 하나 둘 말이 없더니
황혼을 잊어버린 고우들의 얼굴에
알딸딸한 노을만 붉게 타고 있었다.

빙하

속물이 찬란한 크루즈선을 타고
욕망으로 가득 찬 눈빛으로
수억만 년 간직한 품위를 간과하고
애써 지켜온 순백의 진실마저
한갓 카메라로 조롱당할 바에야
고고한 빙하라도 참지 못해서
저들이 우쭐대며 사는 동네를
직접 구경하고 싶을 게외다.

투영

아쿠아리움으로 가는
들뜬 환호는 절명한
검투사를 보는 무모한
관중 속에 들어와 있다

안락한 환경에서 구속을
만끽하는 슬픈 물고기들
마음속에 별 하나 간직 못하고
해부된 삶에는 청소에 몰두하는
과부처럼 바쁘다가도
그나마 행복했던 기억마저
망각한 몸부림은 때때로
성자의 모습처럼...

나는 이상야릇한 호기심에
잔인할 만큼 신기하고 즐거웠고
사디즘*이거나 마조히즘*적인
물고기가 지불한 아쿠아리움에
나 또한 슬픈 물고기가 되었다.

*사디즘 : 가학성애 *마조히즘 : 피가학성애

빗소리

고무신 닳을까 아까워
양손에 들고 다니던 녀석이
돈 벌었다고 큰소리치고
남의 말에 끼어들어 쌈 잘하던 놈이
세상이 자기 말에
꼼짝 못 한다고 으스대고
부모덕에 총명한 아내 얻어
아들이 의사 되고 딸이 선생님이라고
와작 지껄하다

빗소리에 젖은 무아에게
산을 오르는 근육은 보이지 않고
새근거리는 숨소리
자연을 악기 삼는 신의
장중한 오케스트라 연주는
언제 그칠 줄 모르는데

나의 몽환적인 카타르시스
하염없다.

예보

시골 돌담길 따라 개미들이 행군하면
논에 물 대러 가시던 아버지는 비가 올 거라며
하늘을 쳐다보셨던 기억으로
나는 아스팔트길 인도 위로 땀 뻘뻘 흘리며
줄지어 가는 개미들의 피난 행렬을 보았다

며칠 후 TV에서 폭우 피해가 연속극이 되어
강물은 이성을 잃고 동네를 점령하여 집을 통채로
삼키는 악어 떼로 트름트름 요란할 때
황소는 지붕 위에서 동상처럼 울지 못하고
말쑥했던 아스팔트 길은 쓰레기 더미
흙모래로 직선이 없는 난장판이 되었다

예나 지금이나 개미의 피난은 여전하건만
내가 욕심내며 자랑한 도시를 버리고
흙을 가둔 검은 감옥을 절도 있게 탈출하는
개미의 행렬에 나는 어떤 위로를 받아야 할까?!

수해 현장

장마는 무자비하게 물 폭탄을 쏟아내
나눔의 숨통이던 터널을 막아버렸고
토닥이는 논두렁에 희망마저
망나니 칼춤처럼 서슬이 시퍼렇다
어느 하나 제 자리에 없고 모든 질서가
무너진 수해 현장은 망연자실하였다

우울하다가도 차분해지는 마음이 지쳐갈 쯤
못마땅한 표정으로 손짓하며 만나 웃었고
맞닿지 못한 오해도 소실점으로 달랬던
나의 욕망과 삶의 비정함은
옹기종기 평화로운 터전에
장마가 쏟아 내린 상처처럼 쌓여 있는
언행의 그림자를 밟고 말았다

막힌 터널을 뚫고 부러진 길을 잇고
정성스럽게 가꾸어야 할 논두렁에
교만과 독선의 그림자를 한 자루 삽으로
지워내야 하는 나는 수해 현장에 서 있다.

경고

흙냄새가 그리워 길 위에 나온 지렁이는
원죄의 이기심으로 홀로코스트가 된
잔인한 형장의 길에 널브러져 있고
나는 그 길을 밟고 있었다

지렁이도 밟으면 꿈틀거린다는데
내가 걷고 있는 아스팔트 길 위에서
희망이 밟힌 지렁이의 죽음은
무슨 의미의 깃발을 펄럭이는가?!

포노 사피언스

어른은 사람이 반갑고
아이는 반가움을 모른다
나는 기아(飢餓)가 두렵고
전쟁이 무서웠지만
아이는 걱정하지 않는다
남녀를 구별하지 않고
높낮이가 없고
시공간이 따로 없다
불가사의한 것이 없는
편리함으로 아이는 상아탑에
쌓아둔 권위를 조롱한다
내가 호모 사피언스라고
으스대며 어깨를 들어 올리면
보는 척 마는 척
아이는 이미 외계인이고
과거가 없는 현재형이다
이 아이를 '싹수없는 놈'이라고
개화기 때에 미국인을 '양놈'이라고
불렀듯이…

3

민들레 추억

민들레 추억

캔사스 파란 잔디 위에 노란 꽃무늬
수놓은 양탄자를 조심스레 밟으며
밤을 모르고 지냈던 도서관의 꿈으로

고맙다는 인사도 잊고 분장을 한 배우는
관객을 향한 외침에 박수소리 요란해도
메아리는 없고 하루가 지나갔다

내가 밟았던 계단의 양탄자 조각에도
노란 영혼은 피어 반겼건만...

손주 손잡고 걷는 길모퉁이에서
밝게 맑게 맞이해준 노란 민들레를
이제야 만나게 될 줄이야!

코로나19의 봄

벚꽃은 고향이 그립고
산에 피는 진달래꽃은
도시가 보고파도
꽃이라는 자부심만으로

겨우내 고통을 세례하고
속살을 먼저 내주어
코로나19의 패악 속에서도
새봄을 잉태해내건만

골절된 사지로
사막을 넘어야 하는 우리는
꽃들의 의연한 모습에도
망연자실한다.

코로나19 추석

대문 가로등만 켜져 있고
풍성한 플레카드도 없는
구비구비 허황한 동네 길

수척한 몸으로 마스크를 쓰고
간절한 달이 구름 창살 사이로
면회를 하고 있는 밤

깊이 패인 주름살 펴서
보듬어보는 뭉클한 사랑이거나
더도 덜도 아닌 이만큼의 행복이
노부부의 노심초사한 안부가 되는
차례상 앞에 TV만 억지 춘향이었다.

그 2020년

찬바람 헤치고 다가온 꽃들도
반기지 못했습니다
싱그러운 산들 바람에게도
몸을 감추었습니다
정열에 불타는 대지의 삶도
보지 못했습니다
따스한 배려와 풍요로운 사랑은
벽 안에 갇히었습니다
첫눈이 펑펑 내립니다
아무도 소리치지 않았습니다
표정 없는 눈만
소복이 소복이 쌓입니다.

익숙함

섬은 애끓은 파도소리에 무심하고
도시는 치열한 삶의 소리에 너그럽다
소리는 소리대로
갈망으로 뼈가 된 만화경 속에서
나는 TV 소리에 잠이 든다.

생명

아름다운 사랑은
빗자루에 비참하게
쓸려가고
움푹 패 엇질러진 몰골
살얼음처럼 위태롭다

기다림의 희망에
고통이 물든 낙엽처럼
황량한 대지위에
홀연히 몸을 내주는
가엾은 생명의 외침

썩어야만 산다는
삶의 패러독스.

눈물 1

한 줄 순한 촛불이
이 산
동굴 깊은 곳에서
기이한 보석 하나를
끄집어내어
번개로 맞받아치는 순간
절벽이 흘러내리는
빗물임을 문득 알았다.

꽃향기

그리움이 가시에 찔려
눈보라 치는 아픔
습기 찬 지하방 통로에
자학이 웃음인 시름은
가슴을 찢어 불사르고
변변치 못한 자화상으로
사랑에 속죄하는 마음에
싱싱한 향기가 코끝에서
종소리로 울려 퍼진다.

방 청소

삶의 열정이 흘린
먼지와 발자국들
반복되는 심술에도
쓸고 닦고 정리하고
직조한 질서를 검열하며
파란 하늘은 창문가
책상에 앉아 있는데
그리움은
한 마리 금붕어가 되어
하얀 손수건으로
어항을 닦는다.

셈

부족하니까
숨쉬고
움직이는 일상에

부족이 없는 일상은
오물과 똥물이
썩어가는 웅덩이

더하기
빼기는
산수에만 있는
기호만이 아닐 듯.

갑질

개구리가 잠자리 잡아먹고
수채*가 올챙이를 먹고
잠자리가 된다는 데

미물도 아니고
천적도 없는
인간으로

개구리도
잠자리도
못하는 짓거리에
번갯불이 반짝.

*수채 : 잠자리의 애벌레

자장면

반들반들하고 섹시한 면발은
오물 뒤집어쓴 한심한
몰골에도
생각은 풀리는 실타래였고
행동은 번개처럼 빨랐다
분수로 솟아오르는 기쁨이
힘을 잃고 시름거릴 쯤
더 높은 곳에 물총을 쏘아대며
끓은 냄비 속 세상살이를
우두망찰한 아버지는
아들 졸업식에 참석 못한
미안함에도 언제나 자신만만했다
모두를 주지 못한 사랑의 대신이기에
가난한 만족으로 달래주는,
별빛 외로운 섬들의
그 속 깊은 심연에도
양탄자 깔린 식탁이 놓이고
슬픈 고래와 함께 숨 쉬는
자장면은 안하무인이다.

노파의 금덩어리

구부러진 노파의 허리 위
짐 보따리가 시선을 멈추게 한다

'혼자 사세요?'
'아니라우, 금땡이가 있지라'
'무슨 말씀이세요?'
'금뎅이가 금땡이지라!'
'언마나 착하고 이쁜지...'

하늘을 짊어지고
지옥문을 찾아가는 노파는
지체부자유한 어린 손자를
'금땡이'라고 불렀다.

당신의 마음

나무 한 그루
들판에 자신만만하게
서 있는 모습에
눈길을 못 떼는

늦가을 찬비에 처참해진
낙엽에 눈물짓고
귀뚜라미 소리에
마음 둘 곳 모르는

시장 나들이 가면서
애타는 친구의 부름에
밧줄 놓아 버리는

하나에 하나만 더하는
냉장고 속 상차림 지도
못 찾을까 봐 조마조마하는

참새들 설득하는 허수아비
외로이 기다리는 착한 당신.

풍선

억새 만개한 산등성에 올라와
하늘의 구름처럼 떠다니는
공중 집을 지으리라

산들바람 타고
산초들 사는 곳 마실 돌고
어느 땐 골짜기 맑은 물로
차를 우려 마시리라

달빛 소나타, 풀벌레 노랫소리 들으며
멋진 단풍 헝겊으로
따뜻한 겨울옷을 지으리라

하찮은 돌멩이, 나무에도
안부를 묻고 기억하리라

나는 시를 쓰고
사랑은 밥을 짓고
저 높은 아늑한 집에서
사랑으로 죄가 되지 않는
일을 하며 살아가리라.

도마

가슴 위에서
그 순한 채소가 잘리고
죽음마저도 끝나지 않는
살점에 가학하는 칼질은
시도 때도 없다

소름 끼치는 행복이
얼굴에 번질수록
잔인해 가는 장인은
메뚜기 다리 부러뜨리고
잠자리 날개 잘라서 놀던
동심의 아이처럼 순진하다

운명처럼 하는 악행을
포섭한 예술가의 향기에
도마는 두 눈을 살포시 감고
정갈한 침대가 되어
가면 쓴 욕망을 사랑한다.

모감주나무 인연

늦가을 길가에서
검은 구슬 하나 품고 있는
갈색 풍선을 무심코 밟은 인연으로
무더운 여름날 모감주나무
그늘 아래서 맞이한 꽃비

하늘에서 뛰어내린 빗방울은
황금빛 꽃들이 더위에 불타는
맨땅의 고통을 위로하고
머리위의 태양을 걷어가
암울한 광야에 나만 우뚝!

꽃비가 열매가 되는 사연 속에
무심코 밟았던 인연은 만물의
번뇌를 염주로 굴리고 있다.

바다는 아는지

섬들의 욕망이 파도를 불러 모아
존재를 위한 확신으로
여전히 높은 굴뚝이지만

파도가 가지런해진 섬에는
바람을 붙들지 못하고
텃밭에는 이름 모르는
소꿉놀이에 간지러워도
허허로운 너털웃음으로

기세등등한 절벽의 섬은
바람으로 욕망을 가두어
금빛 파도에 입술 터지고
헐떡이는 숨소리에
갈매기는 바쁜 데

섬들의 속내를 모르는
파도의 너름새를 바다는 아는지.

새의 외로움

고해성사를 마치고
천사의 날개처럼
지옥문을 벗어났다
불로 활활 타오르는 욕망을
무심으로 감싸고 달래서
심은 사과나무에
새 한 마리 앉아 있다
그림자 없는 자유로움은
고독으로 숨이 차오르고
구름의 그림자를 따라가는 태양은
사과나무에 걸쳐진 누더기를 벗겨
새의 외로움을 감치고 있다.

길

길 없는 길에
마중 나온 소실점

꽃은 슬픔이 되고
낙엽은 꿈이 되어

길을 애타게 걸었지만
소실점은 보이지 않았고
바람만 흥얼거리고 있었다.

그루터기

바늘귀를 통과한 낙타일까
해탈한 노승의 사리탑일까

용광로의 쇳물을 부어
이름 하나 얻기 위해
보석으로 태어나든
호미로 만들어지든

잘리고 싶고 잘려야 한다기에
무성한 사랑 그 모두를 내주고
아픈 상처를 성수로 씻어내는,
행복의 파수꾼 되어
절명의 고독에 잠 못 든다 한들

하늘을 우러러 바보스런 모습만큼
팔 다리 자르고 모가지가
날아가 망가진 문장에서
계절을 보내고
새순을 키우는 그루터기
상처를 지키며 희망을 날린다.

꼰대

'라때'는 세월의 똥물
똥물에 익사한 사람
조문객이 없다.

옛 친구

어머니는 토방 아래 신발을
내 던지면서 악다구니를 쓰고
아버지는 한량인 척하며
날마다 술 구덩이에 사는 집안에서
자기 꿈은 희생되었노라고
불평이 심했던 옛 친구

어둠이 내리는 창가에서
달을 사랑하고 별들을 기다리는
구름이 가려도 바람에 흔들리며
반갑게 들어오는 햇살에
환한 웃음 짓고 싶었던 친구
어느 시간의 공간에 있을까.

창문을 여니

숨이 막혀
무거운 몸을 일으켜
가슴을 여니
생명의 소리가
웅성거리고
자유는 창공을 날고
눈송이는 나목위에
쌓이는데
바람이 먼지를 몰고
어디론가 몰려간다.

가을 학회

지루하고 멍청한 책장 속에
시름 거리면서도 기절하지 않으려고
낙엽 한 장 끼어 둔 것이
무거운 바위를 들어 올리는지

생기발랄한 나비가 되어
쉴새 없이 조잘거리는 나는
단풍이 든 오솔길을
나비처럼 가볍게 거닐고

살아서 떠나는 것들 중에
연민은 깊어
고개 쳐든 허공을 응시하다가
불현듯
공중제비를 타고 내려온
곱디고운 나뭇잎 한 장

주인의 허락도 없이
가방에 몰래 숨어 집으로 왔다.

4

미완성

미완성

바람은 나뭇가지에 달을 걸어
아직 잠들지 못한 풀벌레들과
새들의 잔일을 거들어주고
밤이슬에 꽃잎들이
화장을 지우는 밤
달빛에 놀라 터져버린 깍지에서
떨어진 콩알 하나
깨금발로 멈칫거리며
내게 다가왔다.

낮달

용궁에서

우두망찰한

지혜가

숲속에

두고 온

토끼 간.

부분일식

나도 한입
스티브도 한입
아담도 한입
달도 한입

베어 먹은 빨간 사과.

거울과 창

거울은 내장이 없고
창은 안과 밖이 없다

거울은 피사체를 초대하고
감춰진 알몸이나 내면은
창으로 만물을 관조하며
창에서 창으로 유영하건만
안팎을 헤아릴 수가 없는
카오스적 영상들

창에 비친 내 모습 언뜻
보고 싶은 마음 눈물 흘리면
바람은 멈칫멈칫 웃고 있다.

괜찮아

칼은
행복한 식탁에서
사랑을 하거나
어두운 감옥에서
긴 침묵을 한다

내가 늘 '괜찮아'하면
칼도 '괜찮아' 대답한다

그가 실수할 때
헤아리는 마음
'괜찮아' 한마디가
초록빛으로 태양을
다독인다.

뒤척임

달빛에 베인 가슴

숲속에 들면

참새들은 어둠을 쪼아서

아침을 준비한다.

회상

한 남루한 노인과
가녀린 왜가리 한 마리
강변에서 물끄럼 하다

공들인 시간에 막연함과
작은 풀꽃 사이에 일어나는 간절함이
침묵으로 흘러내려 강물이 되었다.

비로소

어둠이

거울에

그림자를

드러낼 때

비로소

나는

여행을 떠났다.

에어콘

동생 나 형 아버지 차례차례
두레박 우물물은 등허리를 씻어 내려
미숫가루 한 잔의 상쾌함으로
화상 반창고가 되어
시름하는 아파트 빌딩 벽에 다닥다닥.

건망증

시퍼런 칼을
조심스럽게,
폴딱
또랑 건너뛰면서
잊어버린 씨앗.

장타력

60년대 초 병원은커녕
약국도 없던 시절
작두에 잘린 왼 새끼손가락

아버지는 헝겊에 싸
자전거에 싣고
어느 돌팔이에게
애걸복걸해서 겨우 살아난
새 부리 같이 못생긴 너에게
부끄러운 마음을 닫고

폼나게 날아가는 골프공은
사랑의 힘이었고
자긍심의 깃발이 되어

와~ 멀리 간다
하늘에서 웃고 계신다.

동반

빛으로 어둠을
어둠으로 빛을
암흑의 죄는 사랑의 빛으로
천당은 죄인의 몫이리라
보이지 않는 것들
보이는 것들
젓가락질 싸움이다
두 눈을 뜨면
파란 하늘이지만
감으면 어둠이 빛이다
깊은 동굴로
은혜로운 햇살이 보이고
어둠을 삼키는
별빛이 영롱하다.

가을 단상

푸르렀던 잎새
낙엽 되어 바람에 떨고 있다

노을 강은
서쪽으로 흐르는데
소슬바람에
가슴이 이다지도 시리는가

지난날의 수많은 밀어는
하얀 억새 숲에 일렁이고
추억은 양떼구름처럼
하늘 높이 흐른다

가을은 풍요롭지만
사랑은 가난하여
서글프다

태양만이 서쪽 하늘에
기울어가는 것이 아니라
마음도 노을 쪽으로 기울어 가고
나는 온몸으로 한기를 느낀다

〉

모두
떠나갈 준비를 한다.

변심한 바람

아지랑이 어지러움으로
꽃망울 터지는 고통 속에
발랄한 푸르름은
노을진 대지를 보듬어
백발노인의 차가운 지혜가
자유로운 세상을 만들고
살아온 불굴의 자연인은

어느덧
땅 투기도 하고
유행을 몰고 다니고
잇빨 센 정치가를 만들고
못 하는 것이 없다

마음이 변한 바람은 그래도
고민이 없는 로봇 세상을
꿈꾸고 있는 것은 아니겠지.

마른 꽃다발

시인은 사랑을 파란 하늘
창문으로 날아가
자유롭게 하고 싶다

연인은 그리움을 환희의
눈물로 보듬어 기쁨이
넘치게 하고 싶다

플라톤은 피 토하는 슬픈 사연
밤새도록 함께 하며 상처를
아물게 하고 싶다

아무도 오지 않는 이곳
하염없는 뭉클한 기다림
그림자만 목이 탄다.

가을밤에

설거지를 끝낸
가을밤
쓸쓸하고 외롭다

텅 빈 어둠
광활한 공간

별들은 창백한 얼굴로
하늘에 붙박혀 있고
달빛은 처량하게
밤이슬 위에
눈처럼 쌓인다

적막한 거리
찬 공기가 스산하다

긴 여정을 위한 휴식
나름의 사연으로
모두 다, 깊이 잠든
어두운 가을밤

〉

황량한 광야에서
외롭게 길을 가는 사람
오늘 밤은 안녕하신지...

국회의원

두 주먹 불끈 쥐고

한 주먹으로만

눈 감고

맹렬하게 싸우는

권투 선수.

어중이

바닷가 벤치는 쓸쓸하게 바라보고 있다
수의(囚衣)를 입은 바다가 파란 하늘을
만나서 무슨 대화를 하고 있는지 모르지만
부지런한 파도는 속기로 바닷가에
백사장을 만들었다
바람은 못 본 체 지나가고
우직하게 소나무들만
백사장의 속내를 해독하고 있었다
새들이 집으로 돌아가자는 잔소리에도
나는 벤치에 잠시 앉았다 일어나
백사장을 밟으며 거미줄에 걸린 생각에
가슴이 아프고 숨이 찼다
파도는 발자국을 지우며
답답한 표정으로 탄식하며
나를 위로하고 있었지만
어디선가 아이들이
바다와 하늘의 밀담을 알아챈 듯
환호를 지르며 백사장에 뛰어나왔고
나는 빈 벤치에 앉지도 못하고
소나무 그늘에 서 있었다.

소통

그런 줄 알았는데
그런 줄 모르고
그런 줄 …

단절은 끝이 없는데
줄은 있다.

이유

꽃은 탄생을 위해
카라반의 고행과 함께하며 피고

찬연한 노을을 위해
어둠의 깊은 침묵에 귀를 기우린다

꽃은 늘 고뇌 한다.

의문의 달

연못위에 달이 지지 않고
구름이 천장을 만들어 갈수록
달은 더욱 처연하다

수많은 강을 건너온
달관한 노승의 암자에
노승을 닮은
고집 센 달 하나

그림자를 망각한 채
배회하는 너를
어떻게 위로할까
달빛의 칼끝이 매섭다.

한글날에

역사를 흐르게 하는
과학자들이 그랬듯이
세종대왕이 그랬다
우주 만물의 이치로
간명하게 조합한 한글
인간, 기계 모두가
소통 가능하게 하고
세계문화 유산으로
보편화된 문자
한글은 나를 내세우고
스마트 폰은 고맙단다.

글쎄

정글에는 호랑이가 없어
정글이 아니다

세상에는 신이 없어
세상이 아니다

너도나도
호랑이 이거나 신이겠지.

소화불량

위는 전지전능했다
그렇게 믿었기에 으스댔고
원하는 대로 먹고 알아서
처리해 주는 맹신에
신의 머리가 복잡하다.

사용금지

12만km를 수 십초 만에
돌파하는 기록으로
저마다 웅비를 품고
무량대수의 길을 가는 사람들

별들을 따라서 사막을 통과하고
막힌 도시를 연신 구급차로 달리는
멈출 수 없고 색이 바랜 속도들

길은 통로로 이어지고
통로는 다만 활력의 수단일 뿐

꽃이 피고 지고
눈이 쌓인 우듬지에
바람 되어 빈둥거리다가
시간을 재촉하며 지나가는데

오늘은 수도관 보수공사로
화장실 사용금지가 발령되었다.

상현달이 처량하다

잡목 말라가는 개울가
덤불속에 모여
떠들어대는 잡새들
초가집이나 허허벌판에
짚 더미가 보이지 않는다는
배부른 근심은 성찬이고
내 것 훔쳐 먹는 생쥐들이
그래도 낫다는 푸념 앞에
이웃이 죽어도 쥐 잡아먹는
뱀들이 차라리 속 편하다고
바람도 멈춘 논쟁에 뛰어들자
어둠은 태양을 삼켰는지
개울물에 상현달이 얼굴 보인다.

|평설|

삶의 탐구와 사회적 상상력
-이남근 시집 『의문의 달』

강 경 호
(시인, 화가)

1.

'인간은 생각하는 갈대'라는 저 유명한 파스칼의 명제는 진부하지만 여전히 인간 존재의 정체성을 규명하는 말이다. 이는 어떤 생명체보다 탐욕적이고, 그래서 끝이 없는 욕망을 가진 것이 인간이지만, 그런 까닭에 상대적으로 반성과 성찰로 자신을 바라보기 때문이다. 서정시는 이러한 인간의 태도를 시적으로 형상화시킨 예술장르이다. 그러므로 시를 통해 절망하기도 하지만 희망을 구하고자 하는 노력을 멈추지 않는다. 그것이 습관적 성찰이라고 해도 궁극적으로는 선(善)을 구하는 행위이기 때문에 용납되며 구원에 이르려는 노력을 멈추지 않는다. 그런 까닭에 서정시의 본질은 여타한 생명체 중에 유독 인간의 존재에 대해 인식하고 탐구한다.

이남근 시인의 시집 『의문의 달』은 인간의 삶을 객관적이고 보편적인 시각으로 살펴본다. 때로는 자신의 모습을 때로는 타자의 모습을 바라보며 인간이라는 존재에 대해 탐구한다. 그리고 자연을 주된 시적 소재로 차용하여 나무, 꽃 등의 자연의 생태적 특징에서 삶의 원리를 파악하는 시편들을 보여준다. 더불어 우리 사회의 부조리한 부분들을 내밀하게 들여다보며 현실을 인식하고 있다. 인간 내면의 쓸쓸한 정서들을 통해 삶의 의미를 되새기는 시편들을 보여준다. 이러한 이남근 시인의 시적 형식은 비교적 짧은 것이 특징이다. 이는 정제된 언어를 구사하기 때문인데, 그럼에도 불구하고 메시지가 선명하다. 이는 시인에 대한 믿음, 즉 진정성을 즉 극대화시키는데 큰 역할을 한다.

2.

인간의 삶은 끊임없는 도전과 응전의 연속이다. 온갖 시련을 겪으며 좌절하기도 하지만 결과적으로는 견고하게 다져져 마침내 어지간한 시련을 극복할 수 있는 힘을 갖게 된다. 삶에 대한 이해도 마찬가지여서 처음에는 엄청난 고통이었던 것도 차차 익숙해짐으로써 삶은 고통없이 다져질 수 없다는 보편적 진리를 터득하게 된다. 이 보편적 진리는 삶을 견인하는 힘이 되어 보다 거칠고 너른 세상에 나아가 삶을 이끌어갈 수 있게 된다. 그러므로 아이들이 돌부리에 넘어져 우는 것과 젊은 부부가 싸우는 것을 심각하게 여기지 않고 그것들을 삶의 한 과정으로 이해한다. 아픈 만큼 성숙한다는 유행가 가사처럼 여유있게 삶을 관조할 수 있게 된다. 서정시는 이렇듯 한 인간으로 성숙해가는 과정에서 만나는 정서적 사건들에서의 깨달음을 형상화시키는 예술이다.

아이가 길을 가다가
돌부리에 넘어졌다
무릎에 상처 난 아이는
이를 악물고 눈물을 삼키며
돌부리에 화를 낸다

셀 수 없이 부딪치며 가야할 길
여전히 돌부리들은
행로마다 버티고 있을 텐데

돌부리에 상처 입은
나는 무엇을 생각하는가!

-「돌부리」 전문

이 작품은 얼핏 보기에 어느 한 군데도 시적인 묘사가 없다. 사전적인 의미만 가지고 시를 구성했다. 그럼에도 한편의 시로 거듭날 수 있는 것은 '돌부리'라는 시어가 길에 뾰족하게 솟은 돌부리만을 지칭하지 않기 때문인데, 삶에서 만나는 시련을 의미한다. 그런 시각으로 바라보면 이 작품은 눈에 보이는 대로만 읽히는 것이 아니라 삶의 과정을 은유적으로 형상화한 작품으로 읽힌다. 즉 "아이가 길을 가다가/돌부리에 넘어졌다"의 기표(基表)에는 아이가 돌부리에 걸려 넘어졌다는 의미지만, 은유적으로 바라보면 인생 초년의 아이에게 시련이 닥친 것으로 이해할 수 있다. 그러므로 "무릎에 상처 난 아이"는 '인생의 고통'쯤으로 읽힌다. 그리고 "이를 악물고 눈물을 삼키며/돌부리에 화를 낸다"는 시련에 대한 반응으로 자신의 삶을 지키려는 의지로 해석할 수 있다. 기표 이면의 기의(基意)에 감춰진 화자의 감정이나 의미를 통해 시인의 메시지를 볼 수 있는 것이다. 그렇다면 "셀 수 없이 부딪치며 가야할 길"과 "여전히 돌부리들은/행로마다 버티고 있을" 것이라는 기의는 '인생은 끊임없는 시련에 대한 응전'으로 '인생의 길은 결코 평탄하지 않은 것'이라는 메시지가 숨겨있다.

그러므로 "돌부리에 상처 입은/나는 무엇을 생각하는가!"는 인생에 대한 깊은 물음이다. 살아가면서 겪게 되는 상처를 어떻게 극복할 것인가, 또는 상처를 통해 보다 나은 사람의 길은 어떤 것인가라는 등 여러 가지 질문에 대한 대답을 구하게 한다는 의미이다.

살펴보았듯이 인간의 삶에서 만나는 시련을 극복하고자 하는 의지를 드러내는 방식과 삶에 대한 끊임없는 물음을 보여주는 것이 서정시의 본질임을 간파한다.

「그냥 허허 웃었다」에서도 삶이 무엇인지를 규명하고, 이미 지나온 길을 걷는 사람들을 바라보며 깨달은 자의 여유를 보여준다.

> 오랜만에 제자를 만났다
> 결혼하고 남매를 낳아서
> 남부럽지 않게 살아도
> 늘 부족함으로 싸우고
> 성격 탓이라며 이혼한다는 투정
> 내심 냉수 같은 결론을 기대하며
> 열심히 자기 말을 이어갔고
> 명강의에 정신이 팔린 나는

그냥 허허 웃었다.

-「그냥 허허 웃었다」 전문

시제에서부터 깨달은 자의 달관의 모습이 엿보인다. 결혼하고 남매를 낳은 제자를 만나 남부럽지 않게 살지만 성격 탓으로 이혼하겠다는 투정을 본다. 제자가 스승인 화자에게 "냉수 같은 결론을 기대하며/열심히 자기 말을 이어"가지만 "그냥 허허 웃"는다. 이혼하겠다고 하는 제자의 모습은 어쩌면 젊은 시절 화자의 모습이며 누군가의 모습일 수 있다. 그런 까닭에 아직 세상을 많이 살아보지 못한 제자에게서 자신의 모습을 보았거나 아직 철부지라는 생각을 했을 수도 있다. 그러므로 스승에게 명쾌한 결론을 기대하는 제자의 모습에서 한때의 사랑싸움 정도로 인식할 수 있는 화자는 마치 '세상 더 살아봐라, 그런 것쯤으로 이혼하겠다니……' 하고 생각할지도 모른다. 인생의 선배로서 제자가 투정부리는 세월을 지나온 화자는 '네 마음 다 안다' 쯤으로 생각하며 대답 대신 그냥 허허 웃는 것이다. 이 웃음은 달관한 자의 대답일 것이다.

이 작품 또한 시적 묘사를 하지 않고 독자친화적인 언어로 매우 쉽게 형상화된 작품이지만 '허허'라는 웃음 속에 실존의 의미를 담아내고 있어 서정시가 추구하는 깨달음의 메시지를 상징적으로 전하고 있다.

「예보」는 말 그대로 폭우가 쏟아질 것을 피난행렬을 통해 보여줌을 보여준다. 이처럼 보잘 것 없는 생명이 가진 예지에 비해 화자는 인간의 욕망으로 이루어진 도시를 자랑하는 것에 대해 성찰의 모습을 가진다.

시골 돌담길 따라 개미들이 행군하면
논에 물 대러 가시던 아버지는 비가 올 거라며
하늘을 쳐다보셨던 기억으로
나는 아스팔트길 인도 위로 땀 뻘뻘 흘리며
줄지어 가는 개미들의 피난 행렬을 보았다

며칠 후 TV에서 폭우 피해가 연속극이 되어
강물은 이성을 잃고 동네를 점령하여 집을 통채로
삼키는 악어 떼로 트름트름 요란할 때
황소는 지붕 위에서 동상처럼 울지 못하고
말쑥했던 아스팔트 길은 쓰레기 더미
흙모래로 직선이 없는 난장판이 되었다

예나 지금이나 개미의 피난은 여전하건만
내가 욕심내며 자랑한 도시를 버리고
흙을 가둔 검은 감옥을 절도 있게 탈출하는
개미의 행렬에 나는 어떤 위로를 받아야 할까?!

-「예보」 전문

화자는 어린 시절 논에 물대러 가시던 아버지가 개미들이 떼 지어 행군하는 것에서 비가 올 것임을 안다. 개미들은 인간보다 하등동물이면서도 폭우를 예감하는 능력을 보여주는 것이 놀랍다. 또한 그러한 개미들을 바라보며 비가 올 것임을 짐작하는 아버지의 지혜도 놀라운 일이다. 그런데 화자는 그저 "아스팔트길 인도 위로 땀 뻘뻘 흘리며/줄지어 가는 개미들의 피난 행렬을" 바라볼 뿐이다. 며칠 후에 일어날 일을 미리 예감한 개미와 아버지의 지혜로움은 맞아떨어져서 폭우가 내리고 날마다 텔레비전에서는 이성을 잃고 동네를 점령한 강물과 지붕 위에 피난한 황소를 그저 바라볼 뿐 속수무책이다. 특히 돋보이는 것은 "내가 욕심내며 자랑한 도시를 버리고/흙을 가둔 검은 감옥을 절도 있게 탈출하는" 개미의 행렬이다. 화자의 개미가 땀을 뻘뻘 흘리며 피난한다고 과장된 표현이 실감나는데, 오늘날 "개미의 피난은 여전하건만" 화자는 도시를 욕심내며 자랑한다는 대척적인 상황을 제시하여 문명과 탐욕으로 만들어진 도시를 대비시킨다. 그리고 개미라는 타자를 통해 도시에 매몰되어 한치 앞을 내다볼 수 없는 무능한 존재로 인간을 희화화한다. 그럼으로써 "개미의 행렬에 나는 어떤 위로를 받아야 할까?!" 하고 역설적으로 왜소하고 탐욕스럽고 무능한 존재로 자신을 인식한다. 이 작품은 개미를 통해 인간의 모습을 거울에 비추듯 보여준다.

3.

서정시는 아리스토텔리스 이후 자연을 시적 대상으로 삼아 인간의 삶을 보여왔다. 그러므로 '자연을 모방한다'는 명제의 전제는 언제나 자연은 불변하는 존재, 생명성을 가진 정직한 존재, 아름답고 품이 넓은 존재이다. 이는 정직하지 못하고, 배반하여 믿을 수 없는 존재, 사악하고 탐욕스러운 존재로서의 인간의 모습을 자연에 되비추어 자연을 닮고자 하는 욕망 때문에 수많은 시인들이 자연을 시적 대상으로 삼아 노래해 왔다. 우리 선조들의 민속적인 상상력은 언제나 자연을 인간보다 더 높은 지경에 놓고 바라보았다. 마을 앞의 커다란 나무를 신목(神木)으로 삼아 매년 제사를 지내고 함부로 대하지 않았다. 사찰을 지을 때도 산 아래에 지으며 자연스럽게 뒷산과 연결이 되어 사찰과 뒷산이 하나가 되게 함으로써 자연에 대한 외경심을 보여왔다.

이러한 정신은 많은 시인들에게 자연을 시 속에 끌어들여 생명성을 고양시키고 자연이 지닌 생태적 습성을 닮고자 하였다.

이남근 시인의 수많은 자연을 대상으로 한 시편들도 이러한 정신이 투사되어 있다.

나의 뇌라는 안테나로
너의 생각을 수신한다지만
낡은 안테나는
그 생각 너름새를 알까 싶다
네가 있다는 생각만으로
난해한 너의 의도를
가벼운 숨소리로 듣고 있지
보금자리 없는 바람마저 품어준
너는 흐르는 은하수에
조각달 하나 걸어두고
천지를 관통하는 묵언 수행으로
조잘대는 잡새들을 품는다.

-「노거수」 전문

2인칭으로 노거수의 생각을 읽는 이 작품은 나무와 인간이 어떻게 소통하는지를 보여준다. 주지하다시피 노거수는 말을 하지 못하지만 화자의 주관적인 생각으로 나무를 이해하며 소통한다. 노거수는 바람을 품어주고, 은하수에 조각달 하나를 걸어두고, 묵언수행으로 잡새들을 품어주는 타자에 대한 배려를 가진 존재로 인식된다. 이렇듯 노거수라는 자연, 또는 사물에게 의인법을 적용시킴으로서 나무는 새로운 생명을 가진 존재가 된다.

"나의 뇌라는 안테나로/너의 생각을 수신한다지만/낡은 안테나는/그 생각 너름새를 알까"라는 말에서 보듯 화자는 노거수의 생각을 읽기 위해 '뇌라는 안테나'로 노거수의 생각을 알고자 한다. '안테나'는 보이지 않는 공중의 전파를 잡아내는 장치이다. 뇌, 즉 안테나로 노거수가 하는 말을 듣지만 과연 노거수의 생각을 어떻게 알 수 있겠는가라고 묻는다. 그것은 화자의 안테나가 낡은 안테나이기 때문이다. 그렇지만 "네가 있다는 생각만으로/난해한 너의 의도를/가벼운 숨소리로 듣고 있"다고 한다. 낡은 안테나를 지닌 화자가 늙은 나무와의 소통은 '낡은', 노(老), 즉 '늙은' 시적 대상끼리의 소통은 쉽지 않다. 그럼에도 노거수의 "난해한" 의도를 "가벼운 숨소리로 듣"는다고 한다. 어쨌든 쉽지 않은 소통이지만 화자는 "너는 흐르는 은하수에/조각달 하나 걸어두고" 있으며 노거수 뒤에 달이 떠 있는 밤풍경을 바라보고 있다. 이러한 모습에서 화자는 묵언수행하는 수도자의 모습으로 느낀다. 그런 까닭에 노거수는 "잡새들을 품"고 있는 것이다. 화자는 품이 넓은 노거수의 모습을 발견한 것이다.

살펴보았듯 오래된 나무를 그저 하나의 자연으로만 인식

하지 않고 인간보다 더 위대한 존재로 인식하는 태도는 자연 앞에 겸양의 미덕을 지녔던 선조들의 삶의 인식과 인식에 닿아있다.

이남근 시인의 이번 시집에는 꽃을 시로 형상화시킨 작품들이 많이 있다. 이 작품들의 꽃의 생태적 특징을 의인화시켜 새로운 생명체로 탄생시킨다.

노랑꽃창포가 피어
천만다행이다

빗물이 메마른 상처를 적셔
허공에 밀려 나간
희망을 불러놓고

낭만에 취한 달마저 울어버린
남루한 물웅덩이에서
부끄러운 얼굴과
싱그러운 초록빛으로
노란 병아리 떼를 부화하고

순결한 영혼의 결기는
병아리처럼 물 한 모금 마시고
하늘을 쳐다본다.

-「노랑꽃창포」 전문

아름다운 것을 말할 때 흔히 '꽃'을 말한다. 고래로부터 꽃은 순수하고 아름다운 것을 말할 때 비유의 대상이 되었다.

그리고 꽃에는 다양한 의미가 부여되어 꽃마다 자신만의 의미가 부여되어 있다. 그래서인지 그 의미에 맞게 꽃을 선물하기도 한다. 이러한 꽃의 의미도 시대에 따라 달라졌다. 가령 국화는 서리 내린 늦가을에도 꽃이 피어있는 까닭에 절개를 의미했지만, 현대에 와서는 죽은 자를 애도하고 위로하는 의미를 가지게 되었다. 이렇듯 꽃의 의미는 시대에 따라 달라지지만 특히 시인에게 꽃은 다양한 이미지와 의미로 노래된다.

'노랑꽃창포'는 본래 유럽 원산이지만 우리나라 연못이나 물가에서 흔하게 볼 수 있는 꽃이다. 우아한 마음, 믿음, 정숙의 꽃말을 가지고 있다. 5~6월에 피는 이 꽃을 시인은 '싱그러운 초록빛', '노랑병아리 떼' 등의 색채이미지로 표현하며, '순결한 영혼'으로 의미화한다. 이러한 이미지를 지닌 노랑꽃창포가 피어 천만다행이다고 도입부에서 밝힘으로써 화자의 노랑꽃창포에 대한 관심이 어떠한지를 짐작하게 한다. 화자가 바라보는 노랑꽃창포는 상처를 입은 상태이다. 그런데 "빗물이 메마른 상처를 적셔" 절망 속에 있는 노랑꽃창포에게 희망을 준다. 그러므로 "노랑꽃창포가 피어/천만다행"인 것이다. 본래 물을 좋아하는 노랑꽃창포는 비가 내리자 남루한 물웅덩이에 물이 차오름으로써 "싱그러운 초록빛" "노란 병아리 떼를 부화"했으니 천만다행이라는 화자의 고백은 노랑꽃창포에 대한 사랑이 지극했기 때문일 것이다. 노랑꽃을 피우는 창포는 그 꽃빛과 생김새가 마치 노란병아리를 닮았는데, 비가 내려 "병아리처럼 물 한 모금 마시고/하늘을 쳐다본다."고 한다. 이러한 모습을 지닌 노랑꽃창포를 화자는 "순결한 영혼"을 지녔다고 한다. 특히 노란병아리는 아직 어린 것이기 때문에 탐욕스럽지 않고, 노랑색의 색채이미지는 매우 밝아서 노랑꽃창포를 '순결한 영혼'을 지녔다고 하는 것이다. 그저 물가에 피어있는 자연의 모습에서 화자는 순결한 영혼의 이미지를 느낀 것이다.

「능소화」에서는 '순결'함과 더불어 '사랑'을 느낀다.

> 무표정한 담장 위
> 고혹스런 자태 능소화
> 구중궁궐 애환과 슬픔을 토해내려는가
> 임 오시는 먼 길에 그리움으로 마중가는가
> 무거운 황금 가채를 홀연히 떨구어버린
> 범상치 않는 너의 기품에 어느 누가
> 애끓은 사연을 간직한 여인이라 할까
> 정열의 열기로 귀밑머리 희롱해도
> 흰 구름 불러 바람에 실어 보내고
> 당당하게 임의 향기 지키는 순결한
> 사랑의 화신이여!
>
> -「능소화」 전문

7~8월, 일년 중 가장 뜨거울 때 피는 능소화의 꽃말은 여성, 명예이다. 그럼에도 불구하고 가장 추울 때 꽃을 피우는, 이른바 군자의 반열에 오른 사군자와는 다르게 일년 중 가장 무더울 때 꽃을 피우는 능소화 역시 군자 반열에 든다고 할 수 있다. 특히 다른 꽃들은 시들어서 떨어지지만 능소화는 꽃피운 그대로 낙화하여 효수당한 사람의 머리처럼 느

껴진다. 마치 젊은 사람이 죽은 것처럼 느껴지기 때문에 섬뜩하다. 그런 까닭에 필자는 능소화가 떨어진 것에서 죽음을 떠올린다. 그런데 이남근 시인은 고혹한 모습, 구중궁궐에 갇혀있는 여인, 순결한 사랑의 여신 쯤으로 인식한다. 물론 꽃말이 여성을 나타내기 때문에 능소화에서 여성성을 느끼는 것은 당연하다고 할 수 있다. 그런데 이 작품은 "무표정한 담장 위/고혹스런 자태", "구중궁궐 애환과 슬픔을" 간직한 여성으로 보고 있어 슬픔의 주인공으로 여기고 있다. 그런 까닭에 "임 오시는 먼 길에 그리움으로 마중가는" "무거운 황금 가채를 홀연히 떨구어버린/범상치 않는" 기품을 가진 여인으로 묘사한다. 머리에 황금가채를 쓴 것으로 보아 지체 높은 집안의 안주인 쯤으로 보이는 것에 비해 "애끓은 사연을 간직한 여인"이니 그것은 "당당하게 임의 향기 지키는 순결한/사랑의 화신"이다. 이 작품 속의 여인은 유교적 관념사회에서 "임의 향기 지키는 순결한", 어쩌면 구중궁궐의 궁녀여서 세상의 법도에서 먼 여인일지도 모른다. 특히 애끓는 사연이 무엇인지는 알 수 없지만 분명 가슴 아픈 사연일 것이다. 능소화의 이미지와 의미를 새롭게 해석한 이 작품을 통해 봉건사회의 사회적 질서에 순응하는 여인의 슬픔과 사랑을 노래하고 있다.

봄 여름 가을 겨울 등 사계절에서 인간의 삶으로 보면 봄은 어린 시절, 여름은 청춘, 가을은 노년, 그리고 겨울은 죽음과 소멸로 비유할 수 있다. 그런 까닭에 예부터 계절을 통해 인간의 삶을 노래한 시인들이 많았다. 나이 들어가면서 시인들은 청춘을 회고하기도 하고, 노년에 가까워지는 가을

날의 쓸쓸함과 삶의 비의를 노래한다. 이남근 시인 또한 노년의 초입에서 삶에 대한 깨달음과 쓸쓸함을 시로 형상화시킨다. 계절의 변화를 자연을 통해 느끼며 자연을 통해 지긋해지는 생의 쓸쓸함을 토로한다.

설거지를 끝낸
가을밤
쓸쓸하고 외롭다

텅 빈 어둠
광활한 공간

별들은 창백한 얼굴로
하늘에 붙박혀 있고
달빛은 처량하게
밤이슬 위에
눈처럼 쌓인다

적막한 거리
찬 공기가 스산하다

긴 여정을 위한 휴식
나름의 사연으로
모두 다, 깊이 잠든
어두운 가을밤

황량한 광야에서
외롭게 길을 가는 사람

오늘 밤은 안녕하신지...

-「가을밤에」 전문

인간은 연륜과 체험에 따라 시가 추구하는 의미가 달라질 수밖에 없다. 젊은 시절에는 아무래도 펄펄 끓는 피처럼 패기가 넘치는 경우가 많지만 세월이 깊어지면서 생에 대한 생각도 달라질 수밖에 없다. 그러므로 시는 젊은 시절 패기만으로는 연륜에서 오는 깊은 생의 비의를 건져올리기 쉽지 않다. 이런저런 생체험을 통해 삶이 어떤 것인지, 실존에 관한 내밀한 정신적 깊이를 지닌 시를 건져올릴 수 있다. 그러므로 연륜이 깊고 체험이 많은 시인의 시는 경박하지 않고 높은 지경의 메시지가 간절한 시를 쓸 수밖에 없다. 그리고 서정시의 특성인 서정의 깊이를 담아내게 되는데 많은 시인들에게서 노년으로 가는 지점에서 만나는 생의 쓸쓸함과 인생을 관조하는 시가 더욱 진정성을 가진다. 그것은 온몸으로 느끼는 자신 앞에 놓인 생이기 때문이다.

"설거지를 끝낸/가을밤/쓸쓸하고 외롭다"고 한다. 때는 밤이어서 "텅 빈 어둠/광활한 공간"으로 느끼는 것은 자식들이 성장하여 자신의 삶을 일구기 위해 마치 이소한 어린 새들처럼 부모 곁을 떠났기 때문에 집안의 방도 넓어보이고 바라보는 하늘마저 넓게 느껴진다. 밤하늘의 "별들은 창백한 얼굴로/하늘에 붙박혀 있고/달빛은 처량하"다고 생각한다. 뿐만 아니라 거리마저 적막하고 공기마저 차다. 이러한 밤, 혼자 깨어있는 화자는 "쓸쓸하고 외롭다" 이 외로움은 심리적인 것으로 "황량한 광야에서/외롭게 길을 가는 사람/

오늘 밤은 안녕하신지…"라고 묻지만 어쩌면 화자 자신의 심정일지도 모른다. 이 작품에서 "가을밤"은 실제의 가을을 말하기도 하지만 사계 중 낙엽이 지고 스산한 바람이 부는 인생의 가을이기도 하다.

「가을 단상」에서도 가을날의 정서를 토로한다.

푸르렀던 잎새
낙엽 되어 바람에 떨고 있다

노을 강은
서쪽으로 흐르는데
소슬바람에
가슴이 이다지도 시리는가

지난날의 수많은 밀어는
하얀 억새 숲에 일렁이고
추억은 양떼구름처럼
하늘 높이 흐른다

가을은 풍요롭지만
사랑은 가난하여
서글프다

태양만이 서쪽 하늘에
기울어가는 것이 아니라
마음도 노을 쪽으로 기울어 가고
나는 온몸으로 한기를 느낀다

모두
떠나갈 준비를 한다.

-「가을 단상」 전문

화자는 여름날 무성하게 푸르렀던 나뭇잎이 낙엽이 되어 바람에 떨고 있는 모습을 바라보는데 소슬바람에 가슴이 시리다. 날씨가 추워서 시리는 것이 아니라 서쪽하늘에 노을이 붉게 물든 모습을 바라보며 어느덧 인생이 노을이 진 지점에 이르렀기 때문에 가슴이 시린 것이다. 노을을 바라보니 "지난날의 수많은 밀어"가 떠오른다. 노을이 지는 지점에까지 이르는 동안의 수많은 정신적 사건이 주마등처럼 떠오르는 것이다. 가을이어서 하얀 억새 숲에 젊은 날의 모습들이 일렁이고 "추억은 양떼구름처럼/하늘 높이 흐른다". 옛생각이 물밀 듯이 밀려오는 것이다. 가을이라는 계절은 들판도 풍요롭고 인간의 삶도 풍요롭다. 그러나 "사랑은 가난하여/서글프다"고 한다. 노년으로 치닫는 심사가 쓸쓸하기 때문일 것이다. 그러기 때문에 "태양만이 서쪽 하늘에/기울어가는 것이 아니라/마음도 노을 쪽으로 기울어 가고/나는 온몸으로 한기를 느낀다"고 하는 심사는 이제 얼마 후면 소멸의 계절 겨울이 멀지 않았기 때문인데 그것은 "모두 /떠나갈 준비를" 하고 있는 까닭이어서 벌써 겨울을 바라보는 화자의 마음은 쓸쓸하지 않을 수 없다.

이 작품의 중심 시어는 '노을'이다. 앞에서 밝혔듯이 노을은 하루를 마감하는 시간을 나타내고, 인생을 정리하는 시간이다. 그래서 푸르렀던 봄과 여름의 청춘시절을 회억하는 마음은 쓸쓸할 수밖에 없다. 이제 노을은 곧 사라지고 세상은 어둠뿐이어서 살아있는 것들은 '어둠'이 의미하는 '죽음' 또는 '소멸'에 이를 것이기에 노을 앞에 선 사람은, 가을 앞에 선 사람은 노을이 진 이후의 어둠을, 그리고 곧 다가올 겨울이라는 시간을 생각하면 쓸쓸하고 두려울 것이다. 이렇듯 '노을'은 마지막 뜨겁게 타는 불꽃이지만 곧 사라질 것이기 때문에 쓸쓸하다.

「회상」에서 '노인'과 '왜가리'가 물끄럼하게 강물을 바라보고 있다. 아주 짧은 형식이지만, 노년에 이른 사람의 쓸쓸함이 간절하다.

> 한 남루한 노인과
> 가녀린 왜가리 한 마리
> 강변에서 물끄럼 하다
>
> 공들인 시간에 막연함과
> 작은 풀꽃 사이에 일어나는 간절함이
> 침묵으로 흘러내려 강물이 되었다.
>
> -「회상」 전문

이 작품은 '남루한 노인'과 '가녀린 왜가리'가 유사성과 동일성을 이루고 있다. 유사성은 서정시의 원리로써 시적 대상은 같은 성질을 지닌다. 아무리 이질적이지만 무엇인가 공통분모가 있어 바라보는 지점이 같은 경우이다. '남루한 노인'과 '가녀린 왜가리'는 남루와 가녀림이 뜻하는 가난함, 또는 노인이기 때문에 힘이 없어 나약하다는 공통점이 있다.

그러므로 노인과 왜가리는 약자에 속한다. 그리고 전혀 이질적이지만 노인과 왜가리가 "강변에서 물끄럼 하다"는 또 다른 유사성을 가지고 있다. 노인과 왜가리가 뚫어지게 바라보는 지점은 각각 다를 수 있다. 노인은 아무 생각없이 정신줄을 놓고 있을 수 있고 왜가리는 먹이를 노리느라 꼼짝 않고 있을 수 있다. 어쨌든 그들이 "공들인 시간에 막연함과/작은 풀꽃 사이에 일어나는 간절함"은 하나가 된다. 즉 동일성을 이루는 것이다. 서로 다른 목적이 있는 행위라고 해도 무엇인가에 몰두한다는 점은 같은 행위이다. 그리고 그들의 "침묵으로 흘러내려 강물이" 된 것도 동일성을 이루는 행위의 결과이다. 이처럼 동일성은 전혀 다른 사물들이지만 바라보는 지점이 같아 침묵으로 흘러내려 강물이 됨으로 하여 같은 결과를 낸 것은 궁극적으로 그것들이 하나가 되었다고 할 수 있다. 물끄러미 바라볼 때의 침묵이 그들이 바라보는 강물이 되어 흘렀기 때문이다.

5.

사회적 상상력은 문학을 포함한 예술이 시대의 모순과 부조리를 폭로하거나 비판함으로써 보다 이상적인 사회를 건설하는데 일조하는 예술형태이다. 일제강점기에 일제의 탄압에도 불구하고 민족말살정책에 용기있게 예술행위를 통해 분노하고 우리 민족의 자각을 독려한 예술가들이 있었다. 해방 후 이승만 정권의 독재에 항거한 신동엽은 「껍데기는 가라」고 위정자들을 향해 민심을 전했다. 김지하 역시 박정희 정권과 우리 사회의 이른바 오적을 향해 「오적」을 발

표하여 사형선고를 받기도 하였다. 이후 광주민중항쟁을 맞아 수많은 예술가들이 작품을 통해 저항하였다. 그 무렵 송수권 시인은 "시인은 지하에 들어가 귀를 막고 시를 써야 하는가?"라고 자신에게 반문하고 민중들의 목소리를 시집 『아도』에 담아냈다. 이제 민주화 된 사회라고 하지만 살펴보면 정치적인 억압만이 아니라 현대인의 탐욕으로 인해 다양한 폐해가 일어나고 있다. 뿐만 아니라 자본문명에 왜곡되고 굴절된 인간의 모습을 많은 예술가들이 다양한 형태로 보여주고 있다. 이러한 예술행위는 보다 나은 사회를 지향하고자 하는 인간의 본성을 대변하고자 하는 휴머니즘의 발로이다.

이남근 시인의 시집에서도 코로나19로 인해 자유를 억압받고 위협받는 우리 사회의 그늘을 담아내기도 하고 이른바 사회적 권력을 이용하여 권력이 없는 사람들에게 갖은 횡포를 하여 이익을 좇는 사람들의 그릇된 모습을 보여준다.

> 대문 가로등만 켜져 있고
> 풍성한 플래카드도 없는
> 구비구비 허황한 동네 길
>
> 수척한 몸으로 마스크를 쓰고
> 간절한 달이 구름 창살 사이로
> 면회를 하고 있는 밤
>
> 깊이 패인 주름살 펴서
> 보듬어보는 뭉클한 사랑이거나
> 더도 덜도 아닌 이만큼의 행복이

노부부의 노심초사한 안부가 되는
차례상 앞에 TV만 억지 춘향이었다.

-「코로나19 추석」 전문

'코로나19'라는 질병으로 인류는 유사 이래 새로운 실험에 처해있다. 인류가 이룩한 과학문명이 한순간에 깨어질 수 있다는 위기감에 사로잡혀있기 때문이다. 뿐만 아니라 포스트 코로나 시대의 '뉴노멀(New nomal)'은 코로나 이후 문명이 지속될까 걱정이 담긴 말로 코로나19가 인류에게 유사 이래 가장 큰 위기로 다가왔기 때문이다. 그러므로 그동안 인류가 쌓아놓은 과학문명은 화성에 우주선을 착륙시킬 정도로 발전하여 그 과학문명을 토대로 절대 흔들리지 않는 인류의 역사를 이어갈 것이라는 기대가 언제 허물어질지도 모른다는 불안감을 코로나19의 발호가 깨우쳐줬다. 이러한 현실을 시적배경을 하고 있는 이 작품은 "대문 가로등만 켜져 있고/풍성한 플레카드도 없는/구비구비 허황한 동네 길"의 풍경을 보여준다. 왠지 쓸쓸한 정서가 느껴지는 밤중에 "수척한 몸으로 마스크를 쓰고/간절한 달이 구름 창살 사이로/면회를 하고 있"는 풍경은 허황한 동네의 모습을 더욱 처연하게 한다. 코로나의 발호로 달마저 수척해지고 마스크를 쓴 모습은 코로나19로 인해 사람들이 얼마나 고통스럽게 살아가는지를 단적으로 말해준다. 이는 전염병으로 인해 수많은 사람들이 죽어가고 있는 현실을 감옥으로 인식하고 있는 데서 비롯된다. 그러므로 "달이 구름 창살 사이로/면회를 하고 있"다는 말이 설득력을 얻는다. 이렇듯 우울한 날들이 계속되는 날 노부부는 차례상 앞에서 조상의 제를 지내는데, "깊이 패인 주름살"을 한 채 수심이 깊은 걸까, "뭉클한 사랑"이나 "행복"이 노부부의 노심초사한 안부가 되는 차례상 앞에 텔레비전만 뭐라고 하는 풍경은 그야말로 우울한 모습이 아닐 수 없다. 추석이 되었어도 떨어져 사는 자식들이 코로나 때문에 고향에 가지 못하여 부모님들만이 제사를 지내는 모습은 이제 낯선 모습이 아니다. 지금도 여전히 지속되는 우리의 우울한 초상이다.

「그 2020년」은 유추하건데 코로나로 인해 지금까지의 생활패턴이 무너져 우울하게 살아가는 사람들의 모습을 그린 작품이다.

찬바람 헤치고 다가온 꽃들도
반기지 못했습니다
싱그러운 산들 바람에게도
몸을 감추었습니다
정열에 불타는 대지의 삶도
보지 못했습니다
따스한 배려와 풍요로운 사랑은
벽 안에 갇히었습니다
첫눈이 펑펑 내립니다
아무도 소리치지 않았습니다
표정 없는 눈만
소복이 소복이 쌓입니다.

-「그 2020년」 전문

꽃이 피면 반기고 눈이 내리면 환호하던 감정들이 사라

진 2020년은 인류 역사의 한 페이지에 가장 불행하고 우울한 해로 기록될 것 같다. 주지하다시피 코로나19는 인류역사상 새로운 전염병이기 때문이다. 증상이 없어도 전염이 되는 전염병은 처음이었고, 이 전염병은 인류가 그 동안 쌓은 견고한 과학문명조차 깨어질 수 있는 유리벽임을 입증하였다. 두려운 것은 코로나19 이후 더 무섭고 가공할 무엇인가가 출현할 수 있다는 것을 예감하게 한 일이다. 그렇기 때문에 봄이 와 꽃이 피어도 아름답다고 반길 여유가 사라져 버렸다. "싱그러운 산들 바람에게도/몸을 감추었"다. "정열에 불타는 대지의 삶도/보지 못했"다. 뿐만 아니라 "따스한 배려와 풍요로운 사랑은/벽 안에 갇히었"다. "첫눈이 펑펑 내"려도 "아무도 소리치지 않"는다. "표정 없는 눈만/소복이 소복이 쌓"인다. 인간은 감정의 동물이다. 즐거울 때는 환한 표정을 짓고, 행복할 때는 행복한 미소를 짓는다. 그럼에도 불구하고, 앞에서 살펴본 「코로나19 추석」에서처럼 인간은 보이지 않는 감옥에 갇혀있어 봄이 왔어도 봄을 느낄 수 없는 처지니 인간다운 삶을 살 수가 없다. 화자에게 2020년은 잊을 수 없는 해가 될 것이다. 그러나 「코로나19 추석」이나 코로나19를 전제로 한 「그 2020년」은 모두 인간의 탐욕 때문에 생겨난 전염병이므로 궁극적으로 두 작품은 탐욕과 그로 인한 우울한 감정을 노래한 시편들이다.

인간의 탐욕과 더불어 권력을 지닌 사람이 그것을 이용해 다른 사람에게 권력을 행사하는 이른바 '갑질'은 비인간적이고 부도덕하고 폭력적이다.

개구리가 잠자리 잡아먹고
수채가 올챙이를 먹고
잠자리가 된다는 데

미물도 아니고
천적도 없는
인간으로

개구리도
잠자리도
못하는 짓거리에
번갯불이 반짝.

-「갑질」 전문

자연은 약육강식이라는 법칙을 통해 생태계를 이어오고 있다. 적자생존인 까닭에 약한 자는 늘 강한 자의 먹이가 되었다. 이는 생존의 법칙이다. 근대에 이르러 계급사회가 사라지고 평등한 사회가 되었다. 그렇다해도 우리 사회의 어느 곳에서는 독버섯 같은 적자생존의 법칙을 구사하는 사람들이 있다. 이러한 행태를 흔히 '갑질'이라고 한다. "개구리가 잠자리 잡아먹고/수채가 올챙이를 먹고/잠자리가" 되는 생태계는 약육강식, 또는 적자생존의 법칙이 적용되고 있다. 힘있는 것이 약한 것을 잡아먹는 먹이사슬 구조가 생태계이다. 생태계는 이러한 질서를 통해 유지된다. 그러나 인간사회에서는 이러한 행태가 비윤리적이고 비도덕적이다. 인간끼리는 서로 평등함으로서 사회적 질서가 유지되어야 한다.

그런데 "미물도 아니고/천적도 없는/인간"이 "개구리도/잠자리도/못하는 짓거리에/번갯불이 반짝." 한다. 이는 인간은 만물의 영장이라는 말처럼 모든 생명체의 으뜸이기 때문에 그것들과는 달리 인간끼리는 자연생태계처럼 약한 자를 잡아먹어서는 안 된다. 그런데 보다 나은 사회적 · 경제적 지위를 이용해 권력을 행사하는 경우가 많다. 그것이 이른바 갑질인데, 이러한 모습을 바라보는 화자는 머리에서 "번갯불이 반짝"할 정도로 놀랜다. 우리 사회에 만연한 갑질에서 비인간적인 모습을 발견하고 시를 통해 고발하고, 비판하고, 꾸짖으며 반성한다. 인간다움을 잃어버렸기 때문이다.